MÉMOIRE

POUR

LES COLONIES

FRANÇAISES.

MÉMOIRE

POUR

LES COLONIES

FRANÇAISES.

Non canimus surdis.
VIRG. EGLOG. 10, v. 8.

LA cause des Colonies est perdue, a dit un noble Pair. Qui ne le craindrait, en effet, à ce cri d'alarme d'un de leurs plus éloquens défenseurs et au funeste aveuglement qui semble présider à leurs destinées? Mais que les Colons se rassurent; il n'est pas dans les choses possibles que sous le règne d'un Roi juste et paternel, une portion de ses sujets, connus et cités pour leur fidélité et leur dévouement à la couronne, soient par système livrés au désespoir et arithmétiquement conduits à une ruine totale ! Il répugne à tous les cœurs généreux de penser que le Gouvernement et les deux Chambres, cette élite d'une grande monarchie, ferment perpétuellement l'oreille à de justes et patientes réclamations. Non, la cause des Colonies n'est pas entièrement perdue, tant que des voix généreuses feront retentir les tribunes nationales de leurs droits et de leur misère ! Honneur aux nobles soutiens des malheureux Colons ! leurs noms, reçus avec enthousiasme au-delà des mers, ont volé de bouche en bouche et sont gravés dans tous les cœurs !.....

Mais quelque précieux que soient pour les Colonies les témoignages de bienveillance qu'elles ont reçus dans la dernière session, elles n'en ont recueilli aucun fruit, parce que ce secours leur est arrivé trop tard. Ce n'est pas dans la chaleur d'un débat public, après huit mois de travaux pénibles, et lorsque les dépenses de l'État sont fixées, que leurs intérêts peuvent être discutés utilement : c'est encore moins à propos d'une dotation portée au budget, que leurs réclamations peuvent être reproduites avec fruit. La nécessité, l'impérieuse nécessité est là, qui trouve dans l'inévitable *ordre du jour* une réponse à tous les argumens.

Ne soyons donc pas surpris du peu de succès des éloquens discours prononcés en 1820 par M. Benoit, et dans les séances des 27 juin et 12 juillet derniers, par MM. de Villèle, Boscal de Réals, Dudon, de Sesmaisons, etc., de l'inutilité des réclamations d'un grand nombre de Députés, et du discours remarquable prononcé par M. le Duc de Fitz-James dans la Chambre des Pairs, le 28 juillet dernier.

C'est dans le travail secret et confidentiel, dans la partie muette du gouvernement représentatif, que les amis et les défenseurs des Colons doivent s'empresser de leur porter secours. C'est dans le creuset où se fond et s'élabore le budget, que des élémens favorables aux Colonies doivent être introduits. Je n'ignore pas que de fréquentes et infructueuses tentatives ont été faites pour y parvenir; mais une cause d'abord mal entendue, s'éclaircit et s'explique avec le temps; des préjugés s'effacent graduellement; une sévérité, plus ou moins nécessitée par des circonstances rigoureuses, s'adoucit, lorsque ces circonstances deviennent moins pénibles.

C'est donc auprès du conseil des Ministres que la cause des Colonies doit être d'abord plaidée et gagnée; si elle ne l'est pas, toute tentative ultérieure n'offrira, je l'avoue, qu'une faible chance de succès. Cependant les Chambres pourraient encore repousser des tarifs inexorables, qui ne remplissent les coffres de l'État, qu'en tarissant les sources de sa prospérité et en violant tous les principes de la justice distributive.

Mais pourquoi le Ministère ne ferait-il pas droit aux réclamations des Colons?

On ne doit pas supposer qu'il se laisse gouverner par des préjugés, qui, du reste, ne peuvent exister pour lui, lorsque tous les hommes éclairés et sages en ont fait justice.

Le poids général des impôts, un budget d'un milliard ont pu être pendant quelques années des excuses plausibles, mais ne le sont plus aujourd'hui que, par les soins d'une administration à la fois économe et brillante, les finances de la France sont devenues en peu de temps les plus florissantes de l'Europe.

Des renseignemens précis manqueraient-ils encore au Gouvernement? Qui pourrait le croire, lorsque tant de documens ont été réunis par le Ministère de la Marine; que des Gouverneurs paternels sont à même de recueillir sur les lieux les détails les plus circonstanciés; qu'un Député, envoyé par la Colonie de la Martinique, a fait retentir en 1820, jusqu'au pied du trône, le cri de détresse des malheureux Colons ; que des pétitions motivées ont été présentées aux deux Chambres, et que d'excellens écrits ont été imprimés et répandus, tant au nom des Colons que du commerce maritime, où la vérité est représentée sous des couleurs plus ou moins fortes, mais toujours vraies et toujours lugubres ([1]).

Cependant, il faut le dire, en méditant les discours de certains membres attachés au Ministère et des Ministres eux-mêmes, on serait tenté de penser que ces renseignemens leur sont étrangers ; toujours est-il certain que l'impression qu'ils ont pu produire n'a été suivie d'aucune mesure consolatrice.

Nous devons attribuer ce résultat à des documens contradictoires émanés des ennemis secrets des Colons et du système colonial actuel ;

A la nécessité apparente de l'impôt, qui rend peu difficile sur sa trop grande rigueur ;

Ou enfin aux habitudes fiscales qu'il paraît impossible de secouer.

([1]) Entr'autres l'ouvrage intitulé : *Quelques Considérations générales sur les Colonies ; les Observations sur l'état actuel de nos Colonies*, Mémoires de la Chambre du Commerce du Hâvre, des négocians de Bordeaux, etc. etc.

Peut-être toutes ces causes s'opposent-elles simultanément au dégrèvement des Colons.

Quoi qu'il en soit, l'état des choses est tellement déplorable, que, s'il ne cesse immédiatement, les Colonies périssent. Il n'est plus temps de délibérer. Depuis que l'on affecte de discuter sur leur sort, le mal s'est aggravé à un tel degré, qu'il n'y a plus de remède pour les désastres passés, et que bientôt l'espoir d'un meilleur avenir s'éteindra dans tous les cœurs.

Déjà le commerce est détruit ou paralysé; le numéraire a totalement disparu; la moitié des biens-fonds n'offrent pas à leurs possesseurs le plus modique intérêt. Cependant il faut vivre; il faut élever ses enfans; et les créanciers, que vont-ils devenir? Est-il d'une justice exacte qu'une loi soit rigoureuse envers des débiteurs à qui une autre loi défend tout moyen de libération? et lorsque les Colons sont menacés de la sévérité des nouvelles procédures, faut-il que le tarif des douanes leur ôte tout espoir d'y échapper?

Si nous n'écoutions que le sentiment profond et pénible dont nous sommes pénétrés; sentiment fondé sur la certitude que nous avons des souffrances de nos compatriotes Colons, trop d'amertume peut-être s'épancherait dans nos plaintes; nous saurons donc modérer notre douleur et répondre par des faits et des calculs irrécusables aux raisonnemens captieux de la prévention, de l'intérêt et de la routine.

Nous supposerons d'abord que les Ministres ne sont pas suffisamment convaincus des maux incalculables qui menacent les Colonies ; nous ne leur ferons pas l'injure de croire que, luttant contre leur conscience et l'équité, ils condamnent toute une population à une destruction certaine !

Il est une considération de premier ordre, pensée à la fois morale et politique, qui semble échapper à la plupart de nos hommes d'État, c'est que les Colons sont des Français et des compatriotes. Tous leurs regards sont tournés vers cette France, objet de leurs désirs et de leur ambition ; leurs enfans viennent respirer l'air de la patrie, et sucer dans nos écoles publiques l'amour du sol et des institutions ; eux-mêmes, si les années et un travail assidu leur permettent d'amasser quelques économies, ils s'empressent de les répandre dans le sein de la vieille France, et lui demandent le repos de leurs derniers jours : tous les résultats de l'industrie coloniale aboutissent ainsi à la métropole.

Qu'on nous dise donc à quelle nation appartiennent les Colons, s'ils ne sont Français ? et si l'on reconnaît qu'ils le sont, c'est en Français qu'il

faut les traiter. Qu'importe qu'une vaste mer sé-
pare leurs rivages des nôtres! nous en avons tout
le profit, puisque cet éloignement offre de nouvelles
ressources au commerce.

Leur reprocherait-on encore l'occupation étran-
gère? Les rendrait-on comptables de leur faiblesse et
du peu de soin avec lequel ils ont été défendus par
la métropole? Les Colons ont-ils jamais été avares
de leur sang? Leur généreuse bravoure peut-elle
être mise en doute?

On leur croit une préférence aveugle pour les
produits étrangers, un éloignement systématique
pour la mère-patrie : ce sont des suppositions inju-
rieuses, filles des préjugés ou de l'ignorance.

Sans doute, après une longue occupation, il faut
faire la part des habitudes ; mais ces habitudes s'af-
faiblissent chaque jour, et se bornent aujourd'hui
à des objets d'une importance si légère dans la balance des intérêts généraux et des considérations
morales, qu'il ne faut même pas en parler.

Demeurons donc convaincus que les Colons sont
bons Français; Français, on peut le dire, avec passion, et d'un dévouement à toute épreuve à la noble lignée de Saint-Louis.

Quant aux idées d'une *indépendance oligarchique*

qu'on leur attribue , un noble Pair , modèle lui-même de fidélité à son Roi, en a démontré l'absurdité dans la séance du 28 juillet dernier.

Il suffit, d'ailleurs, pour mettre ces ridicules allégations à leur place, en faisant abstraction de toutes considérations plus élevées, de supposer aux Colons assez de *sens commun* pour être convaincus de leur faiblesse.

Traitons-les donc, dans leurs rapports avec la métropole, comme des compatriotes, et d'autant plus à plaindre, qu'ils sont plus éloignés des effets immédiats de la sollicitude du Gouvernement.

M. le Directeur-général des Douanes (séance du 27 juin dernier), termine un discours d'une sévérité remarquable par ces paroles :

« Je crois en avoir dit assez pour vous convaincre
» qu'il y a *beaucoup d'exagération dans les plaintes*
» *qu'on fait entendre*, et qu'il n'y a *ni urgence, ni*
» *nécessité*, à devancer l'époque où le Gouvernement
» pourra vous présenter ses vues sur le meilleur
» régime de tarif à appliquer à nos Colonies. »

On s'occupe donc d'un meilleur régime ; mais on n'est pas encore parvenu à le trouver. On discute même deux systèmes diamétralement opposés ; ceux du *régime exclusif* et de *franchise illimitée*. Nous

ne traiterons pas ici des questions qui nous entraîne-
raient au-delà des bornes que nous nous sommes
prescrites. Dans les deux systèmes le bien peut se
faire ; il est probable d'ailleurs que le Gouvernement
penchera pour un parti moyen, et ne le prendra pas
de sitôt. Raisonnons donc sur l'état actuel des choses ;
prouvons que les plaintes des Colons *ne sont point
exagérées ;* qu'il y a *urgence et nécessité* à venir à
leur secours.

Déjà M. le Directeur-général des Douanes a été
combattu avec avantage dans un écrit publié à l'é-
poque de la clôture des Chambres. Ce petit ouvrage
a dû faire impression sur tous les esprits dépourvus
de passion (¹).

Les argumens de M. le Directeur-général sont
toutefois, il faut l'avouer, spécieux et séduisans
pour les amis exclusifs de la prospérité des finances ;
mais ils perdent une partie de leur éclat aux yeux
de ceux pour qui les considérations morales sont
de quelque poids ; d'ailleurs avec une connaissance
approfondie des localités, on détruit aisément tout
cet échafaudage, quelqu'ingénieux qu'il paraisse.

Sans doute le monde commercial est en proie à

(¹) *Observations sur l'état actuel de nos Colonies.*

un malaise qui s'explique assez facilement, par la propension de toutes choses à se mettre de niveau après une guerre de vingt-cinq années , et par les révolutions partielles et fréquentes qui éclatent sur les divers points du globe : sans doute aussi chaque pays doit avoir sa part de ces résultats généraux ; mais si nous prouvons que les Colonies en supportent une portion par trop forte, si nous établissons surtout qu'elles souffrent beaucoup plus que des Colonies *appartenant à la France* ne devraient le faire , nous aurons répondu à M. le Directeur-général.

« La Martinique et la Guadeloupe ensemble , dit-» il, ne nous ont fourni, en 1788, que 21,412,000 » kilog. de sucre ; en 1820, nos importations de ces » deux Colonies ont été de 41,944,000 kilog. »

On a déjà répondu à cet argument arithmétique , que M. le Directeur-général avait sans doute pris à dessein pour termes de comparaison, d'une part une année faible , et de l'autre une année féconde.

Qu'en 1788 , les Colonies donnaient de riches récoltes en café, coton, cacao, etc. etc., dont la culture, nulle depuis peu d'années, a fait place à un grand nombre de sucreries nouvelles, de sorte que le sucre est à peu près aujourd'hui la seule production de ces climats; et qu'en admettant même qu'on en fabrique plus qu'autrefois, il ne faut pas en conclure que la masse des valeurs produites soit plus forte, ni surtout que la part de chaque propriétaire dans cette masse se soit accrue ; car il est plus qu'é-vident, d'après ce qui précède, que tel fonds qui donnait autrefois cent, peut ne rendre aujourd'hui que soixante, sans que la masse se trouve réduite.

Que des méthodes de culture et des soins plus dispendieux ont été introduits pour suppléer à l'é-puisement du sol.

Ajoutons que l'année 1788 est marquée dans les fastes des Colonies par un des plus épouvantables ouragans, de sorte que tout ce qui n'était pas en-levé de la terre au mois de juillet a été frappé de mort.

Ajoutons, surtout, que les 22 millions de kilo-grammes produits en 1788 étaient en presque tota-lité du *sucre terré*, tandis que les importations de 1820 sont presqu'exclusivement en *brut*; ce qui fait une énorme différence de deux manières : 1° parce que le sucre mis sous terre perd plus d'un tiers de son poids ; 2° parce que le manufacturage en *terré*, exigeant beaucoup plus de travail, on peut faire plus de sucre en *brut* avec les mêmes moyens d'ex-ploitation.

Cessons donc de nous reporter à l'année 1788,

pour juger de l'ancienne prospérité de nos Antilles : avant et après cette époque elles ont été plus florissantes. Arrêtons-nous à des temps moins éloignés, et prenons la Martinique pour exemple sous l'administration de MM. de Villaret et de Laussat.

Il résulte des registres des douanes de cette Colonie, qu'elle a exporté du 23 septembre 1802 au 22 septembre 1803, et du 23 septembre 1804 au 31 décembre 1807.................. 139,783 [barriq.]

Terme moyen.................. 32,676

L'Isle était alors presque toujours bloquée par les croisières anglaises ; on fabriquait généralement du *terré*, de sorte que ces 32,676 barriques peuvent être, sans exagération, évaluées (en supposant les trois quarts *terrés*) à 45,000 barriques de sucre brut ou 22,500,000 kilogrammes : c'est le terme moyen de plus de quatre années.

Or, depuis la paix, le terme moyen des années 1815, 1816 et 1817, d'après les états locaux, a été de........................... 34,000 [barriq.]

Celui des années 1818, 1819 et 1820, d'après le discours même de M. le Directeur-général, ne peut être évalué, pour la Martinique, à plus de 30 ou 31 mille barriques ;

Ci-contre..... 34,000 barriq.

car il faut faire la part de la Guadeloupe et des petites Colonies.

Ainsi, terme moyen général
depuis la paix.................. 32,000 barriq.

Sur lesquelles au moins *trois
quarts de brut ;* aussi ces 32 mille
barriques n'équivalent pas à plus
de 36 mille barriques de brut, ou 18,000,000 kilog.

____

Terme moyen de 1802 à 1807. 22,500,000

Idem depuis la paix.. 18,000,000

____

Déficit......... 4,500,000

Quoiqu'il soit prouvé que beaucoup de sucres
des Colonies voisines ont passé, depuis la paix, par
les douanes de la Martinique (¹).

Que l'on ajoute à ce déficit sur les sucres, celui
plus grand encore qui a eu lieu sur les autres cul-
tures, et l'on sera bien convaincu, malgré les doutes

____

(¹) L'inspection des états locaux prouve que nos calculs sont
bas pour les années 1802 à 1807, et trop hauts pour celles qui ont
suivi la paix, parce que, dans la première époque, on ne faisait pas
même *un quart en brut*, et qu'aujourd'hui on ne fait plus *un quart
en terré* ; mais nous avons voulu éviter tout reproche.

de M. le Directeur-général, *que la masse des produits est bien réduite.*

Et quand il serait vrai que les Colons, luttant contre des jours mauvais et contre l'épuisement progressif du sol, auraient vaincu tant d'obstacles et suppléé à tout par leur courage et leur industrie, serait-ce un motif pour les traiter avec une rigueur sans exemple ?

Le Gouvernement ne devrait-il pas plutôt les stimuler par des encouragemens et des récompenses, de manière à obtenir un jour des Colonies qu'il possède encore une masse de denrées suffisante pour notre consommation, et évincer ainsi le commerce étranger du supplément qu'il nous fournit aujourd'hui ? Ce résultat serait facilement atteint ; car la diminution de produits, que nous signalons pour constater la détresse croissante de nos Colonies, est due en grande partie aux ouragans multipliés de cette dernière époque, ainsi qu'à l'indifférence du Gouvernement, qui flétrit l'âme, ce principe de toute force, et détruit de jour en jour la confiance, ce levier de l'industrie.

Mais, dit-on, « les mercuriales des Colonies font » foi que les sucres s'y vendent de 3o à 3a francs ; » en 1788, ils ne valaient que 22 ou 24 francs. »

Cet argument est bien peu généreux. D'abord

qu'importe que les cotes de nos Colonies aient été de 3o à 32 francs? C'est le prix de vente en France qu'il faut considérer; car si la vente ne produit pas 32 francs, c'est le chargeur, négociant ou propriétaire, qui supportera la perte. Dans le premier cas, on cessera d'acheter à un prix ruineux; dans le second, il n'y a eu qu'une vente fictive à 32 fr. Or, depuis long-temps sur nos places les ventes ne produisent plus 32 francs; aujourd'hui même elles ne rendent que 20 francs, et souvent moins.

Mais pourquoi s'attacher à la seule année 1788, lorsque de 1794 à 1798 les sucres bruts ont valu dans nos Colonies jusqu'à 5o et 55 francs, les terrés 9o et 100 francs? Serait-ce parce que les Colons regrettent souvent cette époque antérieure à la révolution? Ils avaient alors de larges compensations du bas prix des denrées, indépendamment de la modicité de leurs dépenses, dont nous allons parler.

Il y a quatre ans les sucres valaient de 4o à 5o fr., dans les Colonies; se plaignait-on alors? Cependant il ne me serait pas difficile de prouver que les bénéfices n'étaient pas à ces prix ce que l'on pourrait imaginer. (Voyez *Pièces justificatives*, n° 1.)

Mais l'argument de M. le Directeur-général était établi sur une base bien précaire; car à peine son discours a-t-il eu le temps de traverser l'Océan, que les sucres étaient déjà tombés de 3o francs à 15 et 20 francs. Ce sont les prix dont il paraît croire que les Colons doivent être satisfaits : Eh bien! à ce taux, ils ne travaillent que pour l'État et le commerce ; c'est-à-dire, pour cette partie du commerce qui alimente leurs manufactures.

Nous avons dit que c'est le prix de vente en France qu'il faut d'abord considérer. On a déjà présenté avec une grande clarté les produits déplorables d'une récolte de sucre vendue dans nos ports, et les pertes immenses faites par le commerce sur ses remises (¹). Nous allons, pour compléter la démonstration et pour abonder dans le sens de M. le Directeur-général, offrir les résultats que les propriétaires obtiennent dans les Colonies, en vendant leurs denrées sur les lieux, et les comparer à ceux dont on était assuré en 1788.

En 1788, nous le prouvons (*Pièces justificatives*, n° 2), les dépenses d'une sucrerie faisant 200 milliers de *sucre terré*, n'étaient pas *nécessairement* au-dessus de 23,000 livres tournois (le change était à 15o).

(¹) *Observations sur l'état actuel de nos Colonies* : 180 milliers de sucre vendus en France 65 francs, ne laisseraient pas 7600 francs au *propriétaire*.

Le sucre blanc valait 4o francs, le commun 27 francs, et les ventes, tous frais déduits, produisaient à peu près 33 francs net par quintal : nous partirons de cette base. (*Pièces justificatives*, n° 3.)

200 Milliers de sucre terré, à 33 francs, blanc et commun l'un dans l'autre......... 66,000 fr.

15 Mille gallons de sirop, à 70 cent. 10,500

76,500

A DÉDUIRE, dépenses d'entretien.... 23,000

REVENU NET.... Liv. Tourn. 53,500

Et comme les biens-fonds étaient beaucoup moins chers alors, à cause de la facilité de se procurer des bras et des bestiaux, et du bas prix des matériaux, etc. etc., cette somme représentait neuf à dix pour cent du capital.

Aux prix actuels des sucres bruts, une propriété faisant 300 milliers (ce qui répond à peu près à 200 milliers de *terré*; nous calculons en brut, parce que c'est ainsi que l'on travaille généralement), cette propriété, dis-je, ne donnerait *aucun revenu net*; les dépenses d'entretien prélevées, si toutes celles voulues par la loi et l'intérêt de l'agriculture ont été faites, il ne restera pas au propriétaire *de quoi vivre!!* ([1])

Mais pour nous prêter à toutes les suppositions de M. le Directeur-général, nous porterons le sucre à 20 francs, frais de vente déduits.

300 Milliers à 20 francs............   60,000 fr.

12 Mille gallons de sirop à 70 cent ...   8,400
                                          ____
                                           68,400

Mais il faudra en déduire au moins 45,000 francs, comme suit :

Nourriture et habillement de cent soixante esclaves, suivant l'ordonnance............   18,000 fr.

Gestion et frais assimilés....   8,500

Houes, coutelas, clous, huile et menus détails.....   2,800
                                       ____
A reporter......   29,300

([1]) Nous avons dit que les prix actuels dans les Colonies sont de 15 à 20 francs ; les plus belles qualités ne passeraient pas 25 francs ; elles sont très-rares. Il faut prélever les frais de vente, fret et commissions, qui montent à près de 5 francs par quintal, et nous allons voir que le sucre coûte 15 *francs* à l'habitant, avant qu'il puisse en retirer un denier.

Report du Revenu brut......   68,400 fr.

Report......   29,300 fr.

Bois, planches et merrains.   3,200

Hôpital et Médecin   2,200

Réparations annuelles d'entretien.....................   2,800

Trois mulets à 900 francs. .   2,700

Fret , remplacement de
bœufs , accidens imprévus...   4,800

45,000

REVENU NET........   23,400 fr.

Sans compter les mortalités extraordinaires, les ouragans, etc. etc. (*Pièces justificatives*, nos 4 et 5.)

Et comme les propriétés aujourd'hui sont esti-mées généralement un tiers de plus qu'elles ne va-laient en 1788 , cette somme de 23,400 francs ne représente pas *trois pour cent du capital!*

Que l'on juge de ces résultats dans des climats où il est nécessaire que les fonds rendent de 8 à 10 pour cent , pour compenser les risques de tout genre qui assiégent le planteur ! !

Les dépenses personnelles de l'habitant et de sa

famille, sont doubles aujourd'hui de ce qu'elles étaient autrefois; de sorte qu'il ne reste pas au Colon qui fait un revenu de 3oo *barriques de sucre*, *dix mille francs net* applicables aux événemens de force majeure ou à l'extinction de ses dettes, là, où il en avait au moins 4o ou 45,ooo à cette même époque de 1788 qui lui est opposée!

On citerait, peut-être, un petit nombre de propriétés dont le revenu est encore supérieur au résultat ci-dessus (¹); mais ce sont des exceptions, et nous pourrions prouver que la plupart n'atteindront pas la proportion de revenu net que nous venons d'établir. Il suffira de rappeler que nous avons pris pour exemple un bien donnant des produits considérables, et que nous avons consenti à porter le sucre à 2o francs net, prix que *l'on n'obtient plus*. (Voyez *Pièces justificatives*, n° 5.)

Il résulte clairement de tous ces faits, que la situation du planteur aujourd'hui ne peut se comparer à celle dont il jouissait en 1788; que ses dépenses ont plus que doublé; qu'il est injuste en principe d'exiger qu'il livre encore ses productions au même prix, lorsque tous les besoins de la vie

---

(¹) Celles qui font du *sucre terré* de première qualité; le nombre en est infiniment restreint.

et des arts ont augmenté de valeur depuis trente ans ; que chaque quintal de sucre brut coûte aujourd'hui *quinze francs* au fabricant, et devrait se vendre *quarante francs* net, pour que son revenu fût proportionnellement le même qu'il était autrefois (¹).

D'après ces faits, M. le Directeur-général des Douanes se refusera-t-il à trouver *dans le prix des sucres* une preuve de la détresse des Colons ? Se demandera-t-il encore comment le prix de 22 francs suffit au Brésil et ne suffit pas à nos Colonies ? S'il nous est démontré que ce prix ne suffit pas à nos Colonies, que nous importe qu'il suffise au Brésil, où peut-être les terres sont plus productives, la culture moins onéreuse, les droits locaux moins pesans ; au Brésil, qui dans tous les cas n'est pas une possession de la France, une province française, et dont le plus ou moins de prospérité ne doit pas troubler le sommeil de nos hommes d'État, qui ne consultent pas sans doute les mercuriales d'Égypte ou des États-Unis, pour fixer le prix des blés en France (²).

(¹) Pour donner ce résultat, il faut que les qualités moyennes de sucre brut se vendent sur nos places 85 francs.

(²) Mais en réalité le prix de 22 francs ne suffit pas au Brésil ; autrement on eût fait de grands profits en chargeant le sucre de

Ainsi d'une part, diminution dans la masse des produits ;

De l'autre, baisse progressive et désastreuse dans les prix, qui sont aujourd'hui *de beaucoup* au-dessous du nécessaire !

Voilà les ressources de l'agriculture dans nos Colonies. Si nous jetons un coup-d'œil sur le commerce, nous voyons celui de la métropole condamné à des exportations d'une valeur insignifiante et réduit à attendre de l'audace des spéculateurs, ou d'une nécessité funeste, un fret éventuel qui deviendra de jour en jour plus précaire. La consommation a cessé : c'est à tort qu'on en conclurait que les Colonies s'approvisionnent chez l'étranger. Cherchons plutôt la vraie cause de cette stagnation déplorable, dans la baisse rapide des denrées coloniales, qui a réduit depuis trois ans des trois-quarts le revenu net du consommateur ; dans la nécessité d'opposer une économie sévère à l'inconstance de la fortune ; enfin dans les craintes pour l'avenir, que des discours impolitiques et un système vacillant font

---

ces pays pour France, à une époque où cette denrée se vendait couramment de 80 à 85 francs ; et pourtant M. le Directeur-général se plaint que les objets d'échange manquent avec l'étranger ?.....

naître ou entretiennent dans tous les esprits. Il est palpable que les Colons n'ont plus de superflu à dépenser ; ils sont menacés d'être privés du nécessaire.

Les réclamations motivées des places de Bordeaux, de Nantes et du Hâvre, viennent à l'appui de ce tableau. Les pertes énormes des raffineries démontrent jusqu'à l'évidence tout ce qu'elles ont eu à redouter de la concurrence des sucres de l'Inde.

Le commerce intérieur ou local des Colonies est encore plus à plaindre. Ce sont des *commissionnaires* qui ont fait des avances immenses à l'agriculture, *dans l'intérêt de la métropole*, puisqu'il s'agissait de relever des manufactures, d'augmenter la masse des produits, et de remplir des engagemens contractés. Aujourd'hui l'agriculture est condamnée, par la force des choses, à être infidèle à ses promesses, et le trop confiant *commissionnaire* demeure à découvert, exposé à toute la rigueur de ses bailleurs de fonds.

Ce sont des consignataires de cargaisons de la métropole, ou des associés de maisons françaises, qui ne cessent depuis quatre ans de perdre *trente et quarante pour cent* sur leurs remises, et qui voient ainsi s'évanouir chaque jour le fruit de leurs précédens labeurs.

Si, après tant de désastres, et lorsque le numéraire s'enfuit de toutes parts, la confiance cesse enfin totalement, faudra-t-il s'étonner si l'édifice commercial vient à s'écrouler et entraîne dans sa ruine une foule de commanditaires de la métropole?

Cependant quel aura été le principe de la ruine de tant d'infortunés, la plupart pères de famille et riches ou aisés dans des temps meilleurs? Des efforts immenses pour remplir avec exactitude leurs engagemens envers l'Europe; l'impossibilité d'y parvenir, vu les pertes périodiques sur les remises en denrées.

C'est donc à une cause principale qu'il faut attribuer tant de maux; et les revers du commerce de la métropole, et les pertes immenses de l'agriculture et celles du commerce des Colonies.

Cette cause nous l'avons signalée; c'est la baisse rapide des denrées coloniales, principalement des sucres, baisse due incontestablement à la concurrence des sucres étrangers, notamment de ceux de l'Inde, de Manille et de Cochinchine, qui ne payaient que 17 francs de droits d'entrée, lorsque ceux de nos Isles, de qualités analogues, étaient frappés de 39 francs par quintal poids de marc.

On aurait tort d'imaginer que le commerce étranger permis avec nos Colonies, ait recueilli quelques débris dans un si grand naufrage. D'abord celui des Espagnols est annulé par la guerre civile et encore plus par la rigueur de nos règlemens de douanes qui les a définitivement rebutés.

Quant au commerce américain, il offre aujourd'hui si peu d'avantages, qu'il est au moment de mourir de langueur. Les pertes sur les retours sont incalculables ; ce qu'il faut attribuer aux règlemens que les États-Unis, plus soigneux de la prospérité de leurs Colonies, que nous ne le sommes de celle des nôtres, ont récemment faits ; règlemens qui assurent aux sucres et sirops de la Nouvelle-Orléans la consommation exclusive, et qui portent un coup mortel aux relations de nos Colonies des Indes-Occidentales avec les États de l'Union.

D'après l'arrêt de 1784, le commerce américain ne peut effectuer ses retours qu'en sirops et tafias. Les mélasses, qui valaient à la Martinique 2 francs le gallon en 1818, sont tombées, pour le planteur, à 50 ou 55 centimes. Le commerce local les livre aux Américains à 1 franc ; et tels sont les droits et frais qui attendent cette denrée à l'importation, que le chargeur américain n'en retire pas plus de 50 à 60 centimes, et se voit ainsi condamné à une perte inévitable de 40 pour cent.

Tel est le résultat de la sollicitude des nations

étrangères pour leurs Colonies et de l'indifférence de la France pour les débris précieux qu'elle a sauvés du naufrage du temps et des révolutions ! !.....

Nous croyons avoir démontré que le cri de détresse des Colons est l'expression d'une cruelle et trop véritable souffrance ; ainsi en retournant l'argument de M. le Directeur-général des Douanes, *il y a urgence à faire droit à leurs justes représentations.*

Suivons notre redoutable adversaire dans ses autres raisonnemens.

« Une nouvelle augmentation de droits sur les
» sucres étrangers équivaudrait à une prohibition ;
» si les Colons l'exigent, qu'ils s'attendent à des
» objections d'un autre ordre : tous nos moyens
» d'échange avec l'étranger ne doivent pas être sa-
» crifiés à nos Colonies. »

Il n'est point d'objections que les Colons redoutent et qu'ils ne se flattent de détruire dans une discussion franche.

Personne n'ignore aujourd'hui qu'ils demandent *l'exclusion des sucres étrangers de la consommation, tant qu'il existera des sucres français sur les places de commerce.* Si les Colonies faisaient partie du territoire européen de l'Empire, cette demande souffrirait-elle la plus légère difficulté ? et de ce qu'elles sont situées à une distance qui les rend bien plus précieuses pour la métropole que certaines portions du vieux sol, à cause de la variété des productions, si favorable aux échanges, et des avantages qu'elles offrent pour la Marine, s'ensuit-il qu'elles doivent être sacrifiées ? qu'il faille les placer dans une catégorie bâtarde ; que les Colons puissent être considérés tantôt comme Français, et tantôt comme étrangers, suivant que c'est l'honneur national ou le fisc qui tient la balance ?

Nous avons combattu plus haut un système aussi déplorable. Il ne peut plus être douteux que des Colonies, forcées de consommer les productions de la mère-patrie, *ont droit à la réciprocité d'un système exclusif en faveur de leurs sucres.*

Ces principes ne paraîtront étranges qu'à certains esprits, habitués à voir dans les propriétés des Colonies *des fermes qui doivent être exploitées au profit de la métropole* : toutefois ils ont été victorieusement proclamés dans la Chambre des Députés, et reconnus par les Ministres eux-mêmes.

Nous pouvons opposer d'ailleurs au Directeur-général des Douanes, de 1821, celui de l'année 1820, qui disait dans la séance du 14 janvier :

« On ignorait en 1816 si les Colonies que nous

» avons conservées pouvaient suffire à la consom-
» mation de la métropole. Il fallut donc balancer
» les droits de telle sorte, que les sucres des Colo-
» nies françaises, recevant une juste préférence, le
» secours des sucres étrangers demeurât cependant
» *possible*, etc. Ce calcul, que la prudence com-
» mandait, se trouve maintenant *modifié par des*
» *faits*.

» Ils ont appris que la France *n'a nullement be-*
» *soin de sucres étrangers*, *et que leur concurrence*
» *serait désastreuse pour nos Colonies*, à qui notre
» législation *ne permet de rechercher le débouché*
» *de leurs denrées que dans la métropole* (¹). »

Les Colons reconnaissans prirent acte de cette
profession de foi.

A cette même époque, les commissions de la
Chambre des Députés et de celle des Pairs recon-
nurent la nécessité de venir au secours des Colonies; mais la vérité s'évanouit bientôt !...

On a prétendu que le système exclusif n'existait
plus *de fait* dans nos Isles; qu'il était tombé en désuétude par le travail du temps et des hommes,
qu'en conséquence la métropole n'était plus tenue

(¹) *Quantum mutatus ab illo* !.....

à la réciprocité. Il y a dans ce reproche beaucoup d'injustice et un peu de mauvaise foi. En 1784 la France n'a accordé aux États-Unis que les importations qu'elle ne pouvait faire elle-même (ainsi que l'avait constaté une longue expérience), et le droit d'exporter les seuls sirops et tafias, abandonnés par le commerce français.

Tous les autres produits étrangers demeuraient prohibés.

Nous le demanderons à notre tour : où est la preuve que les Colons aient rompu ce pacte dicté par la métropole ?

Peut-on leur opposer des actes de violence contre le régime établi ?

Non sans doute ; mais on alléguera la fraude, on citera le commerce interlope avec les Colonies voisines ou les États-Unis, commerce que l'on aura soin d'établir sur des bases tellement étendues, que tout espoir de gain sera interdit aux nationaux ; les Colonies, enfin, seront *gonflées de produits étrangers* (¹).

Quand ce tableau serait aussi vrai qu'il est ou-

___

(¹) Discours de M. le comte Beugnot, séance du 27 juin dernier.

tré, nous demanderons s'il faut s'en prendre aux Colons propriétaires, la plupart éloignés des villes et renfermés dans le soin de leur culture, des délits commis par ceux qui font profession de contrebande? Il est évident que dans ceci il y a deux intérêts distincts, qu'il ne faut pas confondre.

Mais il ne serait pas moins injuste d'attribuer au commerce des Colonies *en masse,* ce qui est le fait d'un petit nombre; et d'ailleurs ces pays sont si peu *gonflés* de marchandises étrangères, qu'il est notoire que les villes de Saint-Pierre et de la Pointe-à-Pitre n'ont pas en ce moment le quart des valeurs, en marchandises de tout genre et de toute origine, qui s'y trouvaient au moment de la paix en 1814.

Toutefois la contrebande existe, elle est nuisible; mais comme l'a observé un Ministre : « Là où il y » a des bénéfices à faire, *il se trouve des hommes qui* » *bravent tous les dangers.* »

Sommes-nous parvenus à fermer hermétiquement nos frontières de manière à empêcher toute filtration de l'étranger? Les marchands et fournisseurs de Paris ne nous offrent-ils pas le choix d'étoffes françaises et britanniques (') ?

(') Il est établi dans une pétition du commerce de Bordeaux

Loin de nous cependant la pensée de vouloir justifier la contrebande ; mais dans les Colonies elle n'est pas sans quelques avantages pour le commerce national : car si on la fait chez nous, nous la faisons chez les autres. Qu'avons nous à craindre ? Les cotons de l'Angleterre et des Indes, objets la plupart de luxe, peu vendus dans un temps de calamité ; mais les Colonies voisines des nôtres font une large consommation de nos vins, eaux-de-vie, toiles, bijouteries, huiles, soieries, batistes, modes, etc. Ce ne sont pas les Colons qui profitent de cette contrebande, mais bien la métropole.

Du reste, le meilleur moyen de mettre une borne au commerce frauduleux, est, en améliorant le sort des Colonies, d'offrir au spéculateur une voie légitime de faire un gain, qu'il ne peut s'assurer aujourd'hui qu'en contrevenant aux lois.

En définitif, si la contrebande se fait, si le temps a formé des brèches dans le système exclusif, *les Colonies sont dans nos mains ; c'est à nous de faire exécuter les règlemens*, comme l'a dit un Ministre aussi sage qu'impartial. Il a ajouté, et toujours avec

---

que la contrebande des sucres étrangers se fait en grand sur nos frontières de l'Espagne, de la Suisse, de l'Allemagne et des Pays-Bas ; ce qui paraît démontré.

raison, que c'est nous qui avons dévié les premiers du système exclusif, en accordant à des denrées étrangères des faveurs plus grandes qu'à celles de nos Colonies.

Est-il bien vrai qu'une augmentation de droits sur les sucres étrangers, que l'exclusion même de ces sucres, *ôterait à la France tout moyen d'échange avec l'étranger?*

On peut d'emblée opposer l'exemple de l'Angle-terre, qui exclut de la consommation les denrées étrangères, et qui, malgré cela, est beaucoup mieux reçue que nous au dehors, où ses produits paient généralement des droits moindres que les nôtres!..

Mais il est avoué que les sucres de nos Colonies suffisent, ou à peu près, à notre consommation; il est reconnu *qu'ils ont droit à une évidente préfé-rence;* quelle est donc la part que nous accordons aujourd'hui à l'étranger? Un supplément éventuel, qu'il n'est pas possible de lui ôter, et une concur-rence difficile, dit-on, à soutenir, vu la différence des droits. Or, cette concurrence laisse-t-elle de la marge aux échanges? bien faiblement sans doute : le sacrifice sera donc bien léger.

D'un autre côté, elle est mortelle pour les Colo-nies, parce qu'elle est de tous les jours, de tous

les instans, et qu'elle fait baisser les sucres français
en raison complexe de la crainte de nouveaux
approvisionnemens de l'étranger et du bas prix où
l'on peut laisser les sucres de l'Inde.

Il est démontré, d'ailleurs, que nous payons
annuellement une balance en *numéraire* à l'étranger ; donc l'étranger ne consomme pas les objets de
nos manufactures, jusqu'à concurrence du besoin
que nous avons des produits *autres que le sucre*,
qu'il peut nous fournir en abondance, tels que
cacao, café, coton, bois de teinture, indigo, cuirs,
suif, etc. etc.

Malgré l'assertion de M. le Directeur-général,
nous ne concevons pas très-clairement comment il
serait de l'intérêt de la France d'aller *directement*
chercher pour *vingt millions* de marchandises, que
l'on pourrait mettre sur dix navires, armés tout au
plus de quatre à cinq cents hommes, à la charge
d'envoyer dans l'Inde vingt millions, ou à peu près,
de numéraire.

Le seul commerce utile à une nation est celui qui
consiste en des échanges réciproques. Que l'on ne
perde pas de vue que les objets d'encombrement
ne forment pas des cargaisons de prix, et chez tous
les peuples où nous pourrons nous présenter avec
des produits manufacturés, nous trouverons un

engorgement de marchandises anglaises , et nous aurons à livrer la grande bataille des comparaisons , qu'il ne nous sera possible de gagner , que lorsque nous ferons dans tous les genres mieux et à plus bas prix que nos voisins de l'autre bord du détroit.

Déjà nous les avons surpassés souvent par la beauté des tissus et le goût exquis des dessins ou des formes ; mais il faut encore les vaincre dans la modicité des prix , et surtout satisfaire les caprices des consommateurs éloignés.

C'est donc en nous pliant d'abord aux goûts et aux habitudes des peuples , que les nôtres à la longue s'établiront au dehors. Nous pourrions en dire davantage sur ce sujet , aussi important que mal approfondi, mais il nous suffit d'avoir prouvé *que le commerce des Colonies n'est pas un obstacle à celui de la France avec le reste du globe.*

« On ne se contente pas , poursuit M. le Direc-
» teur-général des Douanes , de réclamer contre la
» prétendue insuffisance des droits sur les sucres
» étrangers , on veut encore une diminution de
» droits sur les sucres de nos Colonies.

» Mais quel sera l'objet de cette diminution ? etc. »

Nous avouerons que le but des Colons n'est pas seulement d'augmenter la consommation ; parce que tous leurs sucres se consommant déjà et se vendant à très-bas prix, le premier point pour eux est de les voir s'élever.

On ne prétend pas non plus qu'aucun impôt ne doive être perçu sur le sucre ; il en faut sans doute un ; mais entre deux extrêmes il est un juste milieu. Le droit d'entrée sur les *sucres bruts* est aujourd'hui *quadruple* de ce qu'il était avant la révolution ; cependant le montant total des dépenses de l'État est loin d'avoir doublé. Les Colons ne demande- raient pas mieux que de payer des droits qui fussent dans la même proportion avec les besoins de l'État, qu'ils l'étaient autrefois (Voyez *Pièces justificatives*, n° 6). Mais ils s'aperçoivent depuis long-temps *que le sucre est regardé comme la denrée la plus suscep- tible d'être imposée*, pour me servir des expressions d'un grand personnage. Sont-ce là pourtant des rai- sons valables pour faire payer à des Colons français près de cinquante pour cent sur la valeur de leur denrée en France, lorsque tous les frais de charge- ment et de vente doivent être prélevés sur l'autre moitié ?... Sont-ce là des motifs sérieux pour épuiser la source de tant de richesses ? C'est où l'on marche à grands pas comme nous l'avons démontré.

En vain dirait-on que le droit d'entrée pèse sur le consommateur : les circonstances prouvent qu'il tombe d'aplomb sur le chargeur , et en dernier résultat, sur le planteur. Là où la denrée est rare, où le vendeur est maître de ses conditions, il est juste de dire que le droit tombe sur celui qui consomme ; mais si une concurrence désastreuse rend l'acheteur maître des prix, toutes les charges et pertes sont pour le propriétaire, et voilà où en sont nos Colonies.

Ce que nos droits ont de plus cruel, c'est leur immobilité. Imposés d'abord à des sucres qui se vendaient 115 francs, ils atteignent avec la même rigueur une denrée qui est tombée à 55 et 60 francs. Une baisse de cinquante pour cent n'a pas réduit d'un denier les recettes de l'État !

« Dix francs de diminution par quintal métrique, » feraient un vide de cinq millions pour le Trésor. »

Voilà l'argument favori et décisif de M. le Directeur-général ; mais il n'est pas sans réplique.

Nous ne le chicanerons pas sur une petite erreur d'environ *un million*, car les Colonies françaises ne produisent que quarante millions de kilogrammes dans les bonnes années.

Que l'on dégrève donc les Colons de *quatre millions*, et leurs sucres *seulement* paieront encore *seize millions* de francs de droit d'entrée, c'est-à-dire environ *deux ou trois fois le revenu net, en sucre, de toutes les Colonies réunies!!!*

L'état des choses est-il assez monstrueux pour offrir un semblable résultat *après une amélioration !*

Faut-il ajouter à ces réflexions, qu'une injustice, quelque profitable qu'elle soit, n'en est pas moins condamnable, et doit répugner à une nation puissante et généreuse ?...

Que le produit des douanes surpasse presque toujours les approximations portées au budget ;

Que, par conséquent, cette diminution de quatre millions serait peu sensible dans le résultat général des recettes ;

Que, d'ailleurs, il est des questions d'un haut intérêt moral et politique qui doivent se traiter par d'autres règles que celle de l'addition et de la soustraction ;

Que la France, en venant au secours de ses Colonies, travaillerait pour elle-même, puisque leur prospérité tourne au profit de notre commerce ;

Qu'il serait enfin aussi immoral que barbare de réduire les Colons au désespoir !

Mais que l'on se rassure sur ce déficit momentané, fût-il de huit millions au lieu de quatre.

Si l'on veut améliorer le système domanial des Colonies et leurs relations avec les Espagnols et autres étrangers, de manière à les ramener dans les ports de nos Isles, d'où les vexations et les droits les ont expulsés, notre commerce ne tarderait pas à trouver des débouchés qui offriraient plus tard à la métropole un dédommagement de ses sacrifices.

« Il est douteux, ajoute-t-on, que la diminution » du droit élève le prix des sucres en faveur des » Colonies : si cette denrée venait à baisser dans la » même proportion, le fisc aurait perdu, sans » profit pour les Colons. »

Je pourrais répondre, à mon tour, qu'il n'est pas certain que le sucre baisse à raison de la diminution du droit. La hausse ou la baisse dépendent principalement de l'abondance et de la rareté. Mais doit-on, dans le doute, se refuser à ce qui est juste? Une diminution de droits ne serait-elle pas, même en cas de baisse, un profit certain, en rendant la perte moins sensible?... D'ailleurs, cette mesure combinée avec l'exclusion des sucres étrangers, aurait indubitablement l'effet désiré, sans nuire au consommateur, qui ne paierait pas pour cela le sucre beaucoup plus cher.

Faut-il répondre sérieusement au dernier reproche allégué contre nos Colonies? Pour assurer à leurs sucres la préférence, serait-il vrai que nous sacrifions *un produit certain de dix à douze millions de francs?*

Est-ce bien à des Français que ce mot est adressé? Pourquoi ne pas reprocher aux plaines fécondes de la patrie les droits que l'on pourrait lever sur les blés du sol étranger? à l'industrie de nos manufactures, tout ce que pourraient produire les articles de Manchester et de Bermingham?

Mais puisque l'on bannit du budget les considérations morales, prouvons qu'il serait impossible de réaliser un tel surcroit d'impositions.

Si l'on fait un sacrifice aux Colonies, ou il consiste en ce qu'on n'accorde pas à tous les sucres étrangers la même faveur qu'à ceux des pays français, ou en ce qu'on pourrait impunément frapper ces derniers du plus haut droit perçu aujourd'hui sur le sucre étranger. On ne peut sortir de ce dilemme.

Or, il faut d'abord concilier M. le Directeur-général avec lui-même. Il voudrait que le sucre fût un moyen assuré d'échange avec l'étranger; nous nous placerons donc dans la première hypothèse (¹) ; car, pour admettre qu'il y ait échange, toute la perte ne doit pas être d'un côté, tandis que le profit est de l'autre. Dans cette hypothèse donc les Colonies françaises sont ruinées à jamais ; le certain est sacrifié à des théories, et les douze millions n'entrent pas dans le Trésor ; au contraire, je vois diminution dans les recettes, à raison du supplément de sucres étrangers que l'on consomme aujourd'hui.

Dans la seconde supposition, la France n'aurait pas avec l'étranger plus de moyens d'échange qu'elle n'en a aujourd'hui ; le droit tomberait d'aplomb sur les Colonies françaises et les tuerait : ce serait le plus affreux abus de la force, à moins de supposer une liberté illimitée de commerce, et dans ce dernier cas, les sucres de nos Colonies ne viendraient pas de préférence au marché de la métropole pour s'y faire écraser.

Que si, malgré cette augmentation générale de

(¹) Le 23 mai 1821, la question suivante a été soumise au commerce, parmi d'autres, par S. E. le Ministre de l'Intérieur.

« Examiner s'il ne convient pas *de diminuer les surtaxes* exis-
» tantes en faveur des productions de nos Colonies, dans le but de
» donner à notre commerce les moyens d'établir en d'autres pays
» des relations, et d'ouvrir à notre industrie de nouveaux dé-
» bouchés. »

droits, le prix des sucres restait le même pour la consommation, toutes les pertes porteraient sur les négocians français, qui dès-lors renonceraient à ce commerce monstrueux, et les douze millions échapperaient encore à l'avidité du Trésor.

Que si les prix augmentaient à raison du droit, ce serait un nouvel impôt de douze millions qui pèserait sur le peuple, lorsque déjà ses charges sont insupportables.

Et doit-on gratuitement supposer que les nations se prêteraient passivement à toutes les combinaisons de nos douanes? Si de nouveaux droits attendaient nos produits, si même un jour les rades de l'étranger nous étaient fermées, quelle compensation aurions-nous de nos Colonies outragées et perdues?

Dans le résultat de toutes ces hypothèses, je ne vois que ruine, contradiction, impossibilité!

Et l'honneur national, la protection due à des sujets, la gloire actuelle du pavillon, l'espérance d'une marine future, que sont-ils devenus?

Faut-il donc tant se hâter d'accorder cette dernière victoire à l'Angleterre?....

Il me semble entendre le Gouvernement dire aux Colons : « Nous pouvons vous tuer; mais nous

» consentons à vous laisser vivre ; vous nous devez
» encore des remercîmens. »

J'ai parcouru toutes les objections de M. le Directeur-général des Douanes, je n'ai reculé devant
aucune , et je crois avoir prouvé combien peu
elles sont solides ou fondées. C'est à un zèle très-
louable pour la prospérité de ses recettes , que
nous devons attribuer son inflexibilité envers les
malheureux Colons. J'aime à croire qu'il verra
dans les faits que j'ai relatés, la preuve d'une détresse dont il doutait encore, et dans la modération
avec laquelle je l'ai combattu, le désir de ménager
ses bonnes grâces ; car c'est trop pour nos Colonies d'avoir à lutter et contre la malveillance de
leurs ennemis secrets et contre l'éloquence minis-
térielle.

Mais l'exclusion des sucres étrangers de la consommation (sauf leur admission comme supplément), une diminution de droits sur les sucres
français, ne sont pas les seuls points sur lesquels les
Colons veulent insister ; il en est un troisième, où
la justice de leur cause n'est pas moins éclatante,
et où il doit peu coûter au Gouvernement de les
satisfaire.

Nous avons dit que les droits étaient invariables ;
il y a plus, ils se perçoivent *sans distinction de*

qualités. Le terré de toutes les nuances paie 38 fr. 5o cent., et le brut de tout genre 24 fr. 75 cent. par quintal simple.

Il n'est pas de plus souveraine injustice. Les uns se vendent dans les Colonies de 25 à 55 fr. suivant leur beauté, et rendus sur nos marchés de 8o à 12o fr. L'on voit déjà que la différence de prix, qui, dans les Isles, est du *minimum* au *maximum*, d'environ 3o fr., se trouve être de 4o fr. en France, en faveur de la belle qualité. Ainsi, au moyen du droit qui pèse également sur les basses qualités et sur les premières, il arrive tous les jours que le sucre *terré* vendu 8o francs ne laisse pas plus de *quinze francs net*, ayant coûté 25 francs, tandis que le *beau blanc* laisse de 55 à 6o francs, ayant coûté 55 francs. Le premier donne quarante pour cent de perte; le dernier remet au pair, ou laisse par fois un léger bénéfice; de sorte qu'il y a environ cinquante pour cent entre le sort des deux qualités.

Et comme plus de la moitié des sucres *terrés* se rangent parmi les *communs*, on peut juger que la perte qui résulte du système actuel est immense! (*Pièces justificatives*, n° 7.)

Quant aux *bruts*, voici les résultats : les très-basses qualités s'achètent 15 francs et se vendent 5o. Il y a environ 45 francs de frais de tout genre à déduire , ce qui laisse *cinq francs net* par quintal. Les très-belles nuances, en petite quantité, s'achètent encore 25 fr., et se vendent de 65 à 68 fr. Elles offrent à ces prix des remises approchant du pair ; mais c'est aujourd'hui le beau idéal. Les basses qualités donnent soixante pour cent de perte ; les qualités moyennes de trente à quarante pour cent.

Il n'y a pourtant pas de raison pour que telle denrée soit proscrite, et pour que les propriétaires dont le sol, la gêne ou des raisons locales les condamnent à ne faire que du sucre inférieur, aient la douleur de voir tout le produit de leurs sueurs s'évanouir dans les coffres de l'État.

La première loi, en fait d'impositions, est la juste répartition.

Plusieurs moyens se présentent pour remédier à ces différens abus. On pourrait dégrever d'abord les basses qualités et suivre une échelle ascendante, en faisant plusieurs grandes classes de nuances. En partant de ce principe, on fixerait tous les trois mois des prix de base d'après lesquels des droits proportionnels seraient prélevés.

Mais il paraîtrait peut-être plus commode de percevoir l'impôt sur le montant des factures consignées dans les états de chargemens ou sur les ventes brutes faites sur nos divers marchés.

Par exemple, vingt-cinq pour cent sur le montant de la vente : alors le sucre *terré* qui obtiendrait 120 francs paierait 3o francs à l'État ; mais aussi celui qui ne se placerait qu'à 8o francs en serait quitte pour 20 francs.

Les *bruts* vendus 72 fr. rendraient 18 francs au fisc, et sur les ventes à 5o francs, l'impôt serait encore de 12 francs 5o centimes.

Mais les fraudes, s'écriera-t-on ? Il serait très-facile d'y remédier par des règlemens ; c'est d'ailleurs d'une manière analogue que le droit d'entrée se percevait en France avant la révolution. (*Pièces justificatives*, n° 6.)

Une réduction telle que celle que nous venons de prendre pour exemple serait encore loin de rendre aux planteurs l'époque de 1788.

Mais c'est en vain que sous le rapport financier on améliorerait le sort des Colonies, si leur constitution morale, ébranlée par tout ce que la calomnie et l'erreur peuvent inventer de plus funeste, devait enfin succomber sous les efforts des innovateurs et les intrigues de quelques ennemis secrets.

Dans les séances des 25, 26 et 27 juin dernier, d'honorables Députés, animés sans doute de l'amour du bien public, mais trompés par de faux renseignemens, ou séduits par des théories commerciales et philosophiques, se sont égarés dans le vaste pays des suppositions et des chimères ; on a créé des monstres pour avoir le plaisir de les terrasser ; de meurtrières doctrines se sont ranimées, et nous avons cru entendre retentir de nouveau ces mots homicides : *Périssent les Colonies plutôt qu'un principe !*

Cette cruelle discussion s'est élevée au sujet d'une dotation de 2,600,000 francs pour les deux Colonies principales : cependant jamais allocation ne fut moins légitimement contestée. Cette somme, bien faible partie des impôts que nos douanes prélèvent sur nos Isles, est exclusivement employée à solder tous les officiers préposés par le Gouvernement à leur garde et à leur administration, et tourne ainsi directement à l'avantage de la métropole. Ces dépenses d'ailleurs, attachées au droit de souveraineté, sont une suite inévitable de la possession, du système exclusif et de l'honneur du pavillon.

La dotation, d'abord de 3,000,000 fr., a été réduite, par suite des économies faites sur les lieux ; mais nous avons de fortes raisons de penser qu'elle est insuffisante aujourd'hui, et que le Gouvernement sera supplié de la reporter à sa première quotité.

Telle est la décadence progressive du commerce colonial, que les douanes de la Martinique, qui en 1816 avaient produit plus de *quatre millions*, ne rendent pas aujourd'hui *quinze cents mille francs*, et que les importations *de tout genre*, montant en 1818 à 32,000,000 fr. , ne vont pas, au moment où nous écrivons, à 12,000,000 francs.

Voilà nos Colonies *telles que nous les avons faites !*

Si l'on persiste à vouloir des économies, c'est en simplifiant les administrations qu'il faut les opérer (¹). Le supplément d'impositions que fournissent les Colons n'en est pas moins hors de toute proportion avec ce qu'il était autrefois. On a déjà répété souvent qu'avant la révolution le Roi ne leur demandait qu'une somme de 666,000 fr., *qui n'était même jamais complétée* (²).

Du reste , MM. de Villèle et Boscal de Réals ont répliqué victorieusement sur ce point à des

---

(¹) Il résulterait d'un état que nous avons sous les yeux , que le personnel de l'Administration des *Douanes et Domaines* de la Martinique, ne coûtait pas avant la révolution plus de 48,000 francs, *tempora mutantur !*

(²) Compte rendu à la Martinique par le Commissaire-général Ordonnateur , faisant fonctions d'Intendant, le 10 mars 1785.

critiques d'autant plus pénibles , qu'elles se présentaient dans un moment où le tableau des maux que souffrent les Colons, venait d'être soumis à l'assemblée.

Faut-il répondre à un discours qui, dans le sein même de la Chambre, a produit la plus douloureuse sensation, et qui porte évidemment le cachet de l'erreur et de la prévention ?....

Des faits imaginaires ou dénaturés , les suppositions les plus odieuses, indiquent assez clairement que la source où l'honorable Député a puisé, était troublée par la passion et l'intérêt. Comment concilier cet amour de la vérité et la précipitation avec laquelle on a pris des renseignemens ? Cette soif ardente du bien public et de la félicité des hommes, avec l'indiscrétion des paroles qui peut engendrer les plus grands malheurs ?

Le zèle irréfléchi d'une société amie de l'humanité , et des débats analogues dans le Parlement d'Angleterre , ont été la cause première de la révolte déplorable et du massacre des noirs à la Barbade en 1816.

Presque tous les esprits ont été frappés de cette cruelle vérité, et assez de voix se sont élevées dans le Sénat français en faveur de doctrines plus circonspectes , pour rassurer momentanément nos Colonies menacées.

Cependant les principes dangereux , les semences de mort répandus dans certains discours, n'ont pas tardé à porter leur fruit : il a fallu la sage fermeté des Gouverneurs et la prudence des Colons pour les faire avorter.

Nous réunissons donc notre voix à celle d'un Ministre éclairé et juste (¹). Nous conjurons les honorables Députés qui se livrent à des spécula-tions philantropiques , de réfléchir plus mûrement aux suites de la publicité de leurs doctrines. Nous ne leur demandons que d'être vrais et impartiaux ; de peser les deux côtés de la question ; de s'assurer d'avance de l'exactitude des faits , en compulsant le recueil des lois locales , et des documens *désin-téressés* ; et surtout de songer que leurs paroles peuvent être autant de brandons lancés sur nos malheureuses Colonies. Seraient-ils donc jaloux de voir leurs noms servir de signal aux plus épouvan-tables excès ?....

S'il fallait repousser en détail tant d'allégations, nous craindrions , en nous livrant à une discussion

----

(¹) M. Lainé.

aussi longue que délicate, d'augmenter nous-mêmes une publicité évidemment funeste *pour tous les intérêts ;* car ce n'est pas toujours en s'adressant aux passions que l'on atteint ce but si désirable, de rendre les hommes heureux.

Contentons-nous d'observer que les élémens du Gouvernement constitutionnel, appropriés aux nouveaux besoins de la société en Europe, sont d'une application à peu près impossible à nos anciens établissemens des Indes-Occidentales. Ce principe a été reconnu, lorsqu'ils ont été placés hors du droit commun de la Charte (Art. 73).

C'est la leçon des temps, c'est le corollaire d'une longue et funeste expérience.

Elles n'étaient point dépourvues d'institutions ces Colonies qui ont fleuri pendant cent cinquante années ; jamais leur repos et leur prospérité n'ont été plus ébranlés que depuis qu'il circule des bruits vagues et contradictoires sur leur future organisation.

Heureusement le Gouvernement, plus sage que certains esprits ne le voudraient, se gardera bien de compromettre le sort de ces possessions par des changemens trop brusques, ou trop en opposition avec l'ancien ordre de choses. C'est probablement dans cet esprit qu'on s'est occupé de coordonner la législation civile et criminelle des Colonies à celle de la métropole.

La justice est rendue en dernier ressort par des propriétaires notables et considérés, par conséquent intègres et vertueux. C'est en vain que la calomnie les poursuit sans relâche; ils ne sortiront point de la ligne de leurs devoirs. Leur patience, leur courage et leur impartialité égaleront, n'en doutons pas, leur dévouement au Roi et à leurs concitoyens.

Le code noir est généralement exécuté en tout ce qui n'est pas contraire aux Ordonnances postérieures de nos Rois, qui, sur plusieurs points, ont formé un droit nouveau. Les modifications que le temps a apportées à la loi fondamentale relative aux esclaves, sont la plupart à leur avantage, comme il serait facile de le démontrer (¹).

S'il existe quelques abus, c'est avec précaution et sagesse qu'il faut les réformer : sur certains points il est prudent de laisser agir le temps.

Au surplus, le discours de M. de Sesmaisons (séance

(¹) Nous indiquerons en passant les articles 28 et 38, tombés en désuétude.

du 12 juillet) et la résolution de la Chambre, prise à une très-grande majorité, ont prouvé aux Colons qu'ils avaient dans les mandataires du peuple français, des juges aussi humains qu'éclairés et prudens.

En nous résumant, nous demanderons :

1° L'exclusion des sucres étrangers de la consommation, sauf à les admettre comme *supplément*, et avec les droits actuels, lorsque les sucres d'origine française auront été pendant les trois mois précédens à *des prix moyens* de 80 à 85 fr. pour les *bruts*, et de 120 fr. pour les *terrés*.

2° Une diminution des droits d'entrée, et leur plus exacte répartition, de manière à ce que les sucres soient imposés à l'avenir à raison de leur valeur.

3° La fixation du droit d'entrée à *vingt-cinq pour cent* sur le produit brut des ventes.

Telles sont les concessions qu'il devient indispensable de faire aux Colons, dans l'intérêt bien entendu de la justice, du commerce et des manufactures. Une seule de ces mesures, prise isolément, ne remplirait qu'imparfaitement le noble but que le Gouvernement doit se proposer. C'est en les balançant, en les modifiant les unes par les autres,

que l'on parviendra à marier les intérêts, quelque-
fois discordans du planteur, du commerce, du fisc
et du consommateur.

Du reste, la France, par l'organe des deux Chambres, a proclamé qu'elle voulait des Colonies ; elle
doit aussi les vouloir prospères : car, supposer
qu'elle n'entend les conserver que pour les ruiner,
est une pensée aussi absurde qu'elle est atroce.

Sunt verba et voces, quibus hunc lenire dolorem
Possis, et magnam morbi deponere partem.

(Hor., lib. 1, epist. 1, v. 34.)

PIÈCES JUSTIFICATIVES.

N° I.

RELEVÉ

Des Revenus d'un Bien de Mineurs, estimé 612,000 *fr., pendant les cinq années où les Sucres se sont* le mieux vendus *dans les Colonies. On observe que les comptes de cette propriété sont tenus avec la plus sévère exactitude. Le Revenu moyen en Sucre a été de* deux cent milliers de brut.

ANNÉES.	REVENU.		DÉPENSE.		OBSERVATIONS.
	fr.	c.	fr	c.	
1816	94,280	«	36,240	»	
1817	78,790	50	76,930	22	Ouragan du 21 oct.
1818	65,030	50	49,520	16	Suite des réparations
1819	68,360	50	36,630	83	
1820	61,110	11	33,330	33	
TOTAUX..	367,571	61	232,651	54	

Revenu moyen, 73,514 32

Dépense moyenne........ 46,530 31

Revenu net moyen, 26,984 fr. 1 c., ou moins de 4 ½ p. %

Nº II.

PRIX MOYEN

*De divers Articles nécessaires aux Habitations des Colonies,
pendant les années 1788 et 1789.*

PRIX DU DÉTAIL.				OBSERVATIONS.
	ANNÉES			
MARCHANDISES.	1788.		1789.	
	fr. c.		fr. c.	
Moruc, le %	18	»	15	»	*N. B.* Ces prix
Riz, *idem*	22	»	20	»	sont extraits des
Planches de sapin, le pied	»	9	»	7	livres de com-
Bois de nord, *idem*	»	13	»	13	merce de cette
Suif, la livre	»	75	»	60	époque, et ré-
Savon, *idem*	»	60	»	55	duits en *francs*
Chandelle, *idem*	»	66	»	66	au change de
Bœuf salé, le baril	44	»	40	»	150.
Farine de froment, *idem*.	45	»	48	»	
Aissantes de Nord, le °%₀	18	»	18	»	
Clous à aissantes, le % ..					
Clous à planches, *idem* ..	66	67	60	»	
Clous à barriques, *idem*.	55	»	55	»	
Merrains, le °%₀	76	»	76	»	
Vin de Bordeaux, la bᵠᵘᵉ.	94	»	90	»	
Vin de Provence, *idem*..	44	»	44	»	

PRIX DU DÉTAIL.			OBSERVATIONS.
MARCHANDISES.	ANNÉES		
	1788.	1789.	
	fr. c.	fr. c.	
Maïs, le baril	12 »	12 »	
Chaux, *idem*...........	2 »	2 »	
Cordage neuf, le %	40 »	40 »	
Idem vieux, *idem*	16 50	16 50	
Huile fine, les 12 bouteilles	24 »	22 »	
Id. à brûler, le gallon..	3 »	2 50	
Coutelas, la douzaine ...	32 »	32 »	
Houes, *idem*..........	22 »	20 »	
Chapeaux, *idem*	18 «	16 »	
Farine de manioc, le baril	12 »	12 »	
Idem de maïs, *idem*	18 »	18 »	
Sel, le baril	5 »	5 »	
Boucauts en bottes......	2 25	2 25	

Nº III.

TABLEAU

De diverses Ventes de Sucre terré à la Martinique, de 1788 à 1792.

ANNÉES.	POIDS.	PRODUIT NET.		PRIX DU QUINTAL poids de marc.		PRIX MOYEN, frais de vente déduits.	
		fr.	c.	fr.	c.	fr.	c.
1788	23,500	7,395	»	31	45		
	24,500	8,548	50	34	89	34	11
	28,700	10,320	»	36	»		
1789	25,500	8,030	»	31	52		
	25,900	8,012	»	31	»	32	4
	21,000	7,059	»	33	61		
1790	27,000	11,644	»	43	50	43	82
	29,000	12,806	»	44	14		
1791	96,000	48,667	»	50	69		
	28,700	16,484	»	57	43	56	42
	29,000	17,734	»	61	14		
1792	25,700	22,502	»	87	56		
	23,000	24,050	»	104	56		
	30,000	30,667	»	102	22	92	56
	27,000	20,700	»	75	90		

N° IV.

PRIX MOYEN

De divers Articles nécessaires aux Habitations des Colonies, pendant les années 1819, 1820 et 1821.

(Conforme aux livres des Commissionnaires, le change à 180.)

	PRIX DU DÉTAIL.		
	ANNÉES		
MARCHANDISES.	1819.	1820.	1821.
	fr. c.	fr. c.	fr. c.
Morue, le %.......	42 50	40 »	30 »
Riz, *idem*.........	48 »	40 »	35 »
Planches de sapin, le pied	» 25	» 20	» 20
Bois du Nord, le pied.	» 34	» 32	» 30
Suif, la livre........	1 25	1 25	1 30
Savon, *idem*........	1 65	1 25	1 »
Chandelle, *idem*.....	1 35	1 25	1 20
Bœuf salé, le baril....	100 »	100 »	85 »
Farine de froment, *idem*	72 »	70 »	70 »
Aissantes du Nord, le °⁰/₀₀	45 »	40 »	40 »
Clous à aissantes, le %	150 »	140 »	125 »
Idem à planches, *id*...	110 »	110 »	105 »
Idem à barriques, *idem*	90 »	90 »	92 50
Merrains, le °⁰/₀₀....	225 »	225 »	200 »

PRIX DU DÉTAIL.

MARCHANDISES.	ANNÉES					
	1819.		1820.		1821.	
	fr.	c.	fr.	c.	fr.	c.
Vin de Bordeaux, la b^{que}	200	»	160	»	165	»
Vin de Provence, *idem*	110	»	110	»	105	»
Maïs, le baril	35	»	25	»	22	50
Chaux, *idem*........	4	»	4	»	4	»
Cordage neuf, le % ..	90	»	85	»	90	»
Idem vieux, *idem*..	45	»	50	»	50	»
Huile fine, les 12 bouteill.	40	»	42	50	40	»
Idem à brûler, le gallon	7	50	7	»	6	»
Coutelas, la douzaine.	50	»	60	»	60	»
Houes, *idem*........	60	»	70	»	70	»
Chapeaux, *idem*.....	35	»	40	»	35	»
Farine de manioc, le b^{ril}	30	»	30	»	25	»
Idem de maïs, *idem*..	35	»	40	»	30	»
Sel, le baril........	20	»	18	»	18	»
Boucauts en bottes....	7	50	6	75	7	50
Biscuit, le baril......	40	»	35	»	40	»

En comparant ce tableau avec celui du nº 2, il demeure prouvé que, des objets nécessaires aux Colons, quelques-uns ont triplé, et que la plupart ont doublé de valeur. Il est encore un petit nombre d'articles qui n'ont augmenté que de 50 à 60 pour % ; mais aussi combien d'autres, dont nous ne parlons pas, tels que le fret, frais de gestion, médicamens, main-d'œuvre, etc., qui se sont accrus dans une proportion si rapide, que nous devons paraître très-modérés en fixant les dépenses actuelles à 45,000 francs, comparativement à celles de 1788, que nous avons portécs à 23,000 livres tournois.

N° V.

EXTRAIT

DU JOURNAL DE LA MARTINIQUE DU 9 OCTOBRE 1821.

AVIS OFFICIEL.

TARIF

Des Prix de base *déterminés pour la perception des Droits sur les Denrées coloniales, à la sortie, pour le 4ᵉ trimestre de 1821.*

MARCHANDISES.	LIVRES COLONIALES.			FRANCS.	
	liv.	s.	d.	fr.	c.
Sucre terré (sans distinction de qualité)	72	»	»	40	»
Sucre brut........................	33	»	»	18	33
Café, la livre	2	»	»	1	11
Coton...................................	135	»	»	75	»
Cacao, la livre	»	18	»	»	50
Rum vieux.........................	10	»	»	5	56
Idem nouveau......................	2	5	»	1	25
Indigo, la livre....................	12	»	»	6	67
Sirop	1	8	»	»	78
Tafia.............................	2	»	»	1	11
Canéfices.........................	13	10	»	7	50

Vu et approuvé par nous, etc.

. *(Signé)* DONZELOT.

N° VI.

Avant la révolution, on payait aux Colonies un droit de sortie sur les sucres, dit *droit du domaine*; il était de 24 livres tournois par *millier pesant* de sucre *terré*, et de 12 livres tournois par millier de *sucre brut.*

On payait en France un droit d'entrée, dit *droit du domaine d'Occident*; il était de 5 liv. 5 s. tournois par *cent livres tournois*, ce qui faisait 5 ¼ pour cent *de la valeur.*

Le produit de cette imposition était mis en réserve pour les dépenses d'administration et de défense des Colonies. Sur ces fonds le Gouvernement envoyait chaque année les dotations de la Martinique, de la Guadeloupe, etc.

On payait de plus en France, lorsque le sucre y était consommé, un droit dit *de consommation*; il était de 3 liv. 15 s. tournois par quintal, poids net, pour le *sucre brut*, et de 12 liv. tournois pour *le terré.*

On pouvait donc calculer avant la révolution les droits pour un quintal de sucre brut, comme suit:

	LIVRES TOURNOIS.		
	liv.	s.	d.
Droit du domaine dans les Colonies.............	I	4	»
Droit du domaine d'Occident, à 5 ¼ p. % de la valeur, environ	I	II	6
Droit de consommation	3	I5	»
TOTAL (¹)	6	10	6

(¹) Il est de notre devoir de relever, dans l'intérêt des Colonies, une erreur qui s'est glissée au sujet de ces droits dans un écrit qui paraît en

Et pour un quintal de sucre terré :

LIVRES TOURNOIS.

	liv.	s.	d.
Droit du domaine dans les Colonies..........	2	8	»
Droit du domaine d'Occident................	2	7	7
Droit de consommation	12	»	»
TOTAL............	16	15	7

(*Voyez le Mémoire de la Chambre de Commerce du Hâvre*, 1820.)

	fr.	c.
En 1803, 45 barriques de sucre terré, pesant net 41,565 liv., et vendues à Bordeaux à 83 fr. le %, ont produit brut..................	34,498	95
Et n'ont payé de *droits d'entrée* que.........	1,044	25

Environ 3 pour cent.

	fr.	c.
Aujourd'hui, la même quantité de sucre, vendue au même prix.........................	34,498	95
Paierait à l'État	16,000	»

Environ 46 pour cent ! ! !

---

même temps que celui-ci, et qui est dû au zèle d'un Habitant de la Guadeloupe. Le droit de 5 1/4 p. %, ne portait que sur *la valeur* et non *sur le poids*, comme on l'a supposé ; ce qui fait la différence que l'on remarquera entre notre calcul et celui de l'auteur de la *Défense des Colonies*.

N° VII.

COMPTE

DE VENTE DE 34 BARRIQUES DE SUCRE TERRÉ.

(Hâvre, 21 février 1821).

	fr.	c.	fr.	c.
34 Barriques, pesant net 18,141 kilog., à 90 fr. pour 50 kilog......	32,653	80		
Réfaction................	233	»		
			32,420	80
FRAIS. — Fret et droits à 77 fr. les 100 kilog...................	16,475	1		
Autres menus frais et commissions,	1,505	9		
			17,980	10
NET PRODUIT................			14,440	70
Ces sucres, achetés à bas prix et d'une bonne qualité, coûtaient dans les Colonies...................	18,580	»		
Produit ci-dessus...........	14,440	70		
22 ½ Pour cent de perte.			4,139	30

COMPTE

DE VENTE DE 8 BARRIQUES DE SUCRE TERRÉ.

(Bordeaux, 25 avril 1821.)

	fr.	t.	fr.	c.
8 Barriques, pesant net 7,535 liv. à 95 fr. 50 c.	7,195	92		
Avaries	70	51		
	7,125	41		
Escompte 3 pour %	213	76		
			6,911	65
Fret et droits	3,546	39		
Autres menus frais et commissions.	393	34		
			3,939	73
NET PRODUIT			2,971	92

Ces sucres avaient coûté	4,140	94	
Produit ci-dessus	2,971	92	
28 Pour cent de perte.	1,169	2	

Nous aurions pu citer des pertes beaucoup plus fortes, ainsi que l'on a dû s'en convaincre en lisant notre Mémoire; mais nous avons voulu mettre de la modération partout, en nous attachant à des *termes moyens*.

DE L'IMPRIMERIE DE FLEUROT ET Ce,

IMPRIMEURS DES GOUVERNEMENS DE LA MARTINIQUE ET DE LA GUADELOUPE,

A SAINT-PIERRE-MARTINIQUE.

———

(Décembre 1821.)